HISTORIQUE

DE LA LOI PROPOSÉE

EN FAVEUR DE LA MINE.

Il ne paraît pas que l'on ait jamais porté de
plaintes au sujet de la vente et de l'emploi des
sels de mer. (*Rapport fait à l'Académie*, p. 78.)

PARIS,

ADRIEN ÉGRON, IMPRIMEUR-LIBRAIRE,

RUE DES NOYERS, Nº 37;

PONTHIEU, LIBRAIRE, AU PALAIS-ROYAL.

M. DCCC. XXV.

TABLE.

HISTORIQUE

DE LA LOI PROPOSÉE EN FAVEUR

DE LA MINE.

A QUOI TIENT LA LOI?

Aux temps qui ne sont pas encore sortis de la mémoire, on concevait que le grandiose, le gigantesque des plans, que le long et pénible travail de leur mise en œuvre, que l'exemple fallacieux, en ce point, d'un état renommé, avait pu induire, échauffer, embraser une imagination de la zône torride ; et qu'au pied des murailles de la nouvelle tour de Babel, étaient venus expirer et s'éteindre, sans que le son se fût élevé jusqu'au faîte, et le soupir de la pitié affligée, et le cri de la sagesse épouvantée.

Le bouleversement de trois milliards, exhaussés à quatre milliards d'un trait de plume, la coalition en parodie de la Sainte-Alliance, du triumvirat des banques européennes, la stupéfaction, sans doute prise pour de l'admiration, généralement répandue, et probablement, l'excitation soufflée, par les conseils d'ami d'un cabinet habile, pour qui les essais et les échecs sont synonymes, en son pays comme aux bords ennemis : que de charmes !

Mais en cette année, à l'égard de la triste mine, il n'y a moyen d'évoquer des enfers une fantasmagorie aussi décevante : et loin que la gloire trouve à s'y repaître, c'est à peine s'il se rencontre quelque pâture pour la vanité.

En cette année, deux ou trois mesquins millions, acquis en échange de deux ou trois millions dont le fisc était nanti, quelques chétives compagnies de banque, se chamaillant aux enchères, de mille en mille francs ; et en place de l'édification du crédit public, pas autre chose que l'excavation des abîmes et l'extraction de pierres salées : quelles vétilles !

Et cependant il vient de jaillir soudainement, un projet affligeant pour d'immenses régions, effrayant pour des provinces fidèles, un projet qui, dans la langue du Parlement d'Angleterre, où tout se dit, parce qu'autrement rien ne se ferait, devrait se traduire ainsi qu'il suit :

« Bill portant autorisation au ministère actuel tant qu'il durera, ainsi qu'à tout ministère quelconque, tant qu'il en surviendra pendant quatre-vingt-dix-neuf ans, de concéder, maintenir et faire valoir, aux mains de telle ou telle compagnie, à la charge par elle, d'être unique, laquelle aura porté l'enchère au moins de 4o livres sterlings au-dessus de la dernière, et se sera engagée à payer le prix du bail par trimestres, en la caisse du trésor, sans être tenue à fournir aucune garantie, que la loyauté de sa parole ; c'est à savoir, le droit, privilége et monopole d'extraire telles matières qu'elle verra bon être, du fond et très-fond de la mine de Vic ; item de les livrer en l'état, à tous les consommateurs, parqués sous les barrières de l'Est et protégés contre l'invasion des sels de mer ; item de les vendre et débiter, à prix non défendu, jusqu'au maximum de 15 à 18 f. le quintal métrique, érigé spécialement en faveur du prix du bail dont elle est grevée ; le tout étant bien convenu entre le ministre de ce jour et la compagnie de ce siècle, sauf qu'en cas d'événemens ou d'altercations, la cause devra être jugée sommairement et souverainement, la compagnie entendue en ses dires et les provinces déboutées de droit, en manière d'arbitrage, par l'Excellence sise pour l'instant, en son fauteuil à bras, au cabinet du ministre des finances, rue de Rivoli, n°... »

Et il se trame une longue suite d'intrigues et d'artifices pratiqués de toutes parts et se ralliant des bords les plus opposés, dans le but d'étouffer la discussion et de précipiter la décision.

Voyez plutôt comment pas un seul journal ministériel n'a daigné aborder la question, ni même annoncer les écrits relatifs, comment tous les journaux libéraux ont suivi le même système de réticence, sauf le *Journal du Commerce*, qui n'a répondu qu'à ce qui n'avoit pas été dit; et comment, chose à jamais déplorable, des journaux royalistes, qu'animait d'abord le sentiment de la justice, assiégés par les plaintes et les reproches de la cupidité blessée et retenus par ces considérations de société qui l'emportent trop souvent, même aux âmes bien nées, se sont bientôt renfermés dans le silence.

Voyez comment au sein de la commission, il n'a été appelé aucune des personnes les plus éclairées, les plus intéressées, comment les objections s'y sont vues réfutées, à l'abri des dangers de la réplique, comment il y a été fait tant d'état du rapport de l'Académie, après qu'il ne portait plus aucun sens, comment il n'y a été tenu nul compte des registres de l'Ecole des Mines, ni des aveux de M. Caventou, comment sans contester l'analise des quatorze échantillons, il a été affirmé et reconnu en point de fait, qu'ils avaient été choisis dans les plus mauvais sels, malgré qu'une personne distinguée eût bien voulu se charger de transmettre la déclaration qu'avoit dû donner l'auteur, non certes pour son honneur, qui n'a que faire avec des explications, mais bien pour la vérité, trop faible et trop peu chanceuse pour percer à travers tant d'embarras (1).

Reposons-nous ici et recherchons quels peuvent être les mobiles assez puissans, les motifs assez urgens, pour avoir suscité de tels plans, soutenu de tels efforts, fomenté de telles espérances. On n'en peut soupçonner que de deux sortes.

Ou c'est que le projet de loi, rejeton étiolé et rabougri, sortant à l'improviste des entrailles de la terre, n'est qu'un rameau de cette vieille souche qui prétend à se rajeunir, qu'une branche isolée de ce système suranné, qui consiste à entraver, enchaîner, anéantir les mouvemens de l'industrie et les droits de la concurrence, à aglomérer tous les élémens, à circonscrire tous les agens de la civilisation, sous un petit nombre de mains favorites, toutes prêtes à se résoudre en une main unique (*Coup d'Œil,* page 13.)

Ou c'est que l'intention *in petto* n'a été autre que de hasarder un acte d'autorité, d'entreprendre une nouvelle tentative de suprématie, une dernière épreuve de servilité, et d'expérimenter en

____

(1) Voyez ci-dessous, page 10.

une matière vile en apparence, jusqu'où des envahissemens d'un ordre plus élevé, devraient être légitimés par le triomphe.

Or, voilà ce que les membres des deux Chambres, prenant bien garde de blâmer un ton d'ironie, qui rend la vérité plus sensible, de blâmer un ton d'indignation qui parle mieux que tous les raisonnemens, voilà ce qu'ils auront à dévoiler, à déjouer; œuvre qui rentre dans leurs devoirs et ne dépasse ni leur puissance, ni leur capacité; œuvre qui se trouvera accomplie de prime-abord, tout aussitôt qu'il sera fait table rase, dans l'esprit, de tous les dits, redits et contredits, des défenseurs officieux de la mine, tout aussitôt qu'il sera fait maison nette, on veut dire en imagination et par la voie de la prévision, de tous et chacun des gens tenant la grande chambre du conseil de notre maître.

A défaut de quoi il arriverait, ce qui est écrit en deux lignes, bien qu'il y en ait pour quatre-vingt-dix-neuf ans, savoir que les habitans des côtes de l'Ouest et du Midi seraient désappointés et désaffectionnés, justement au moyen de cet acte de faveur, dont on les gratifie; savoir que les habitans des régions de l'Est seraient affligés et irrités par l'exaction d'une taxe partiale et arbitraire, par l'obligation d'employer une substance salifère, dont le dixième et plus, qui ne sera point du sel, devra être débité et digéré, s'il se peut, à titre de sel.

Et à quelles fins, juste ciel? A des fins qui se sont insinuées avant d'être dévoilées, dans l'idée première du ministère; aux fins seulement de bouffir d'un orgueil éphémère, les plus maigres joues de bureau et d'exonérer d'espèces de bon poids, les bourses les mieux nanties, soit bien, soit mal.

Car, il faut bien le dire, puisque personne ne le dit : Qu'y a-t-il dans cette cause, à lutter, à combattre et contre la paix des esprits et contre la joie des cœurs, contre toutes les lois politiques et morales, contre l'intérêt public qui n'y gagne rien par l'intermède du fisc, qui y perd tant, par le dommage des particuliers? Qu'y a-t-il? Le voici.

Tout simplement, un bénéfice en expectative, une jouissance en perspective trompeuse, de la part des inventeurs de la mine, lesquels repoussant les périls de la concession et se réservant la mise en caisse de l'indemnité qui leur est légitimement acquise, se sont imaginés que cette indemnité ne serait pas allouée ou du moins serait très-limitée, si les enchères n'étaient pas élevées.

Tout simplement, on ne sait quel clandestin soubresaut de vanité, on ne sait quel puéril trémoussement de prétentions d'un tout petit homme, caricature du beau Narcisse, qui se mirant à loisir et voyant sa gloriole réfléchie, dans les vastes nappes d'eau, qu'il recueille en façon de canaux et retient sous d'immenses levées mises à la garde du temps, croit être quelque chose.

Ainsi notre travail donne déjà, une spéculation de cupidité, prenant l'ombre pour la proie, une titillation de forfanterie, également vaine et creuse, dans l'avenir comme à cette heure : et soufflant le feu, poussant le creuset embrasé, forçant l'analise des matières, jusqu'au *caput mortuum*, que reste-t-il ? La rue Chauchat, le puits Becquey !!

———

Je déclare que les quatorze échantillons de sel gemme, dont l'analise a été faite par M. Gautier de Claubry, ont été pris sous mes yeux, dans une masse de sel appartenant à M. Payen, par deux de ses ouvriers, avec l'injonction expresse d'en prendre un de chaque sorte, parmi tous les sels demi-gris et gris, chose qui ne peut être démentie par aucun d'entre eux et qui devient évidente en observant à l'œil chacun de ces échantillons et en examinant la différence de leur résidu de 11 à 47 centièmes, chose qui concorde justement avec le document authentique, sur les provenances de la mine au 1er novembre 1824, inséré dans l'*Etat de la Question*, page 29, chose qui démontre enfin que la mine de Vic est composée, dans sa presque totalité, de substances salines ou plutôt salifères analogues à cette suite d'échantillons.

Paris, 14 janvier 1825.

De La Gervaisais.

COMMENT SE FAIT LA LOI?

OR, voyez les droits, les intérêts de province que des acclamations unanimes accompagnent jusqu'aux confins de la région natale. Comme ils semblent robustes, comme ils se mettent gaîment en marche ! La feuille de route est là ; c'est à Paris qu'ils doivent aboutir. Mais il y a cent lieues, deux cents lieues : mais quoi qu'on dise, les chemins sont coupés et défoncés : on ne parle pas des gîtes ; il faut coucher à la belle étoile. Le tout, en attendant que les canaux regorgent l'or qui s'y est enfoui.

Enfin nos pèlerins, largement nantis de fatigues et d'ennuis, et ne chômant que d'espérances, ont atteint les barrières de l'octroi où il leur est fait grâce de la taxe sur les animaux immondes ; et percent, pénètrent ou plutôt se glissent dans la vaste enceinte, inaperçus à travers la cohue, si frêles, si chétifs, si hâves qu'ils sont.

Trouveront-ils un asile ? On ne sait trop ; pour une nuit au plus. — Demain, tel député nous arrive. — Ah ! c'est le nôtre. — Bien, vous reviendrez le voir : mais il se lève fort tard, et sort de grand matin. Au plaisir.

Trouveront-ils des amis? Un, peut-être ! Et comme cet ami se fera d'ennemis! C'est un songe-creux, dira l'un : bah ! il ne pense qu'à ses intérêts, dira l'autre; il s'y prend bien mal, s'écriera le dernier; mais ne voyez-vous pas qu'il veut faire parler de lui?

Partant, nul ne l'écoutera. Les droits qu'il met en avant, qu'il élève autant que lui permet sa force, se verront coudoyés, rudoyés. Des égards sont dus à tel renom; telle autorité mérite foi. L'affaire est éclaircie; ce serait à n'en pas finir, s'il fallait écouter tout le monde. C'est dommage pourtant.

Ce sont d'assez beaux droits pour des droits de province;

mais aussi que n'ont-ils parlé avant qu'il y eût rien à dire.

Ici, on n'attaque point, on n'entend nullement accuser les personnes, ombres vaines dont se jouent tous les vents; fantômes inconsistans à qui le temps, léger comme l'éclair, ne laisse jamais prendre d'assiette; substances impondérables qu'entraîne et çà et là, comme à leur insu, l'irrésistible tourbillon. Mais cela est.

Cependant la mine apparaît sur la scène; non

pas plaintive et suppliante, superbe plutôt et triom-
phant d'avance, traînant après son char une
chaîne compacte de deux millions de serfs dévolus
à la glèbe, et frappant d'épouvante quelques cent
milliers d'existences éparses sur les plages fidèles.

Sur son front resplendissent en lettres d'or, les
mots sacramentaux : *cette grande découverte ne
pouvait rester ensevelie dans les entrailles de la
terre* (1). Et plus bas : *une telle tentative serait au-
dessus de nos forces ; bientôt le sel gemme aurait
triomphé de tous les obstacles.* (Axiôme transcen-
dant qui deviendra incontestable aussitôt que
tout propriétaire, assez téméraire pour combler
le puits de sa cour ou laisser son champ en friche,
verra son puits et son champ passer à quiconque
en voudra.)

De plus, la grande bouche du minable spectre
est lardée de droite à gauche, et comme tatouée
en caractères hyérogliphiques, qui expriment,
sans doute, quelques-uns de ces grands mystères
dont le mot n'est connu que des initiés.

Sur la face droite : « Avec un bail invariable,
l'Etat profitera de toutes les chances heureuses....
avec une compagnie unique, l'industrie consom-
mera la réduction des prix... avec un maximum
fixe, une juste proportion s'établira entre le cours

(1) *Coup d'OEil sur l'Exposé des Motifs.*

de l'Est et de l'Ouest... La Compagnie, puissante et prospère, obtiendra (Est-ce pour elle ou pour nous?) plus que n'eût pu faire la liberté... La diminution des denrées (Est-ce en quantité ou en prix?) résulte plus de la grandeur des moyens que d'une nombreuse rivalité. »

Sur la face gauche : « Dans l'Ouest et dans le Midi, c'est sur la fabrication du sel que repose la salubrité du pays, l'existence d'une population nombreuse et une multitude de fortunes.... C'est à leurs intérêts que je m'attache uniquement... Le prix du fermage sera une sorte de prime (provisoirement versée au Trésor) à leur profit... La redevance sera combinée de manière à ce qu'elle les garantisse (justement pour 99 ans)... C'est un acte de faveur pour un grand nombre de départemens (ou un petit nombre de courtisans; car ici le texte est louche). »

Un coup d'œil a fait s'évanouir toutes ces illusions fantasmagoriques, si bien que l'acteur principal, honteux et confus, se retire et se fait remplacer par un double, par une utilité du dernier ordre.

Mettez que je n'ai rien dit, allait-il s'écrier, pour peu qu'il fût poussé. Il n'a rien dit, et tout est fait. Devant les sons échappés à sa langue, bien qu'ils se soient volatilisés à l'instant, les remparts des siècles ont croulé pour ne plus se relever ; le papier, tout effacé et remis au blanc, porte foi. Et maintenant, en dépit de Galilée, il n'est point de force, qui balance le poids du vide.

Mais l'histoire commence de plus loin : le prophète de la doctrine inouïe avait eu un précurseur, lequel prêchait au désert, d'autant plus à l'abri d'être réfuté, et vient reparaître sur la scène, quelque peu enluminé de l'auréole qui couronne son patron.

Pauvre rapport, que ses signataires n'avaient pas lu ; que l'Académie n'a pas écouté ! A-t-il prétendu dire quelque chose ? L'incertitude était grande à cet égard, avant que la critique armée d'un œil vengeur et surtout peu timide, ait daigné en saisir le fil, en explorer le dédale.

Or, le rapport ne sait que se contredire et se faire contredire. « Les substances étrangères forment au plus les cinq centièmes dans les échantillons les moins purs... ne forment au plus que les quatre centièmes des plus mauvais échantillons... Le sel de Vic donne toujours des poudres blanches... Les sels gris, les moins purs de tous, donneront encore une poudre plus pure que les sels communs du commerce (1).

Premier errata. Extrait des registres de l'Ecole des Mines, du 28 mai 1824, par lesquels il appert

____

(1) *Etat de la Question ,* page 85.

que l'analise du sel gris a fourni neuf centièmes et demi de substances étrangères.

Second errata. Note de M. Caventou, pharmacien, chimiste ordinaire de la Compagnie, dans *le Drapeau Blanc* du 17 janvier 1825, où il est déclaré que des parties de sel de Vic ont fourni jusqu'à huit et neuf centièmes de substances étrangères.

Plus loin, le rapport est assez bénin pour porter lui-même son errata, son antidote.

Dans le texte, 100 grammes de sel commun ne donnent que 160 grammes d'acide muriatique; et dans la note, au bas de la page, 100 grammes de ce même sel donnent, séchés, 175,4, et raffinés, 180.

Dans le texte, l'inspection des tableaux prouve qu'il se vend, à Paris, pour l'usage de la table (ce mot veut dire la consommation, en langage d'Académie), des sels à 85 et 86 centièmes de sel marin pur; et dans les tableaux, on voit que les sels à 85 et 86 sont des sels de cuite, des sels qui ne viennent jamais à Paris, que le rapport a pris pour les sels communs du commerce.

Ce serait à n'en pas finir; et puis, croyez aux rapporteurs, aux commissions, aux Académies des sciences et arts.

Aussi le premier signataire du rapport a-t-il fort bien dit tout d'abord, qu'il l'avait souscrit de confrance. Et n'aurait-il pas mieux dit, ou plutôt mieux fait, en déchirant à belles dents, en lacérant et brûlant l'œuvre de niaiserie ou de charlatanerie : car on voit d'ici ce document encore déposé sur la table de la commission, encore imposant à ne lire que les signatures, encore influent, prééminent, prépondérant; du moins, dans ces cerveaux de sorte monade, qui n'enfantent qu'une seule et unique idée en chaque matière, et qui, épuisés par les douleurs d'un accouchement contre nature, se gardent bien de concevoir une nouvelle fois, et s'en tiennent, pour tout avoir, à l'informe avorton dont ils ont enfin été délivrés.

Mais le temps court, et que de faits restent! Après des flagrans délits de telle espèce, après des crimes avérés de lèse vérité, que dire de maintes et maintes pécadilles ?

Faudrait-il parler de la lettre insérée aux *Débats* du 18, qui vient nous conter comme quoi les quatorze échantillons analisés provenaient de matières salifères prises entre les couches de la mine, oubliant qu'entre les couches il n'y a que des terres argileuses, et que ces terres n'auraient pas été vendues, au prix courant du sel, avec garantie au-dessus de 5 pour 100 de déchet; de cette lettre qui prétend ne s'en fier qu'au rapport fait à l'Académie, après qu'il est désavoué par le premier des signataires, après qu'il est infirmé par le registre des mines, par l'aveu de M. Caventou; et qui se permet de qualifier d'analises clandestines, le travail d'un habile et loyal chimiste, dont les échantillons n'aspirent qu'à être vérifiés à la face de l'univers!

Faudrait-il parler de la note où cet honnête M. Caventou *déclare en conscience* que la mine de Vic peut fournir abondamment du sel aussi blanc et aussi sain que le plus beau sel de nos raffineries : chose bien facile à croire, à la condition pourtant que le sel gemme soit raffiné comme dans nos raffineries.

Voilà donc que tous les dits et tous les faits avancés au nom de haute et puissante mine, sont comme fondus et passés au pilon. Le sac est vide; partant il n'y a plus de procès. Que dites-vous là? Il n'importe en rien : la discussion marche tout de même, ainsi qu'en des temps peu lointains, l'agitation marchait. Vous pensiez que le sol s'était écroulé sons les pas. Quelle erreur! on n'a pas perdu un pouce de terrain.

La commission a cependant fait un grand effort; elle s'est décidée à exiger, dans le texte de la loi, en dehors des deux lignes, une garantie pour les marais salans. Mais le ministre n'y était pas.

Il y est maintenant. —Nous tenons à obtenir une garantie. — Il n'y en aura pas. —Nous désirons que les clauses du bail soient énoncées dans la loi.—Cela ne sera pas.—Nous prions que le minimum du prix soit fixé.—Il ne le sera pas.— Nous supplions que le bail une fois consenti ne puisse être altéré que par une loi.—Au revoir, messieurs.

Et la commission va, comme si de rien n'était.

Le rapporteur est nommé; le rapport s'esquisse au simple trait; le jour est arrêté pour le lire à la commission, indiqué pour le lire à la Chambre. Bien ! très-bien ! Mais, par malheur, il manque encore à connaître comment le ministre entend qu'il soit écrit, comment il entendra qu'il soit lu. Et pourquoi ne serait-il pas rédigé par lui-même, puisqu'aussi bien son exposé a été rédigé par un autre? Rien de mieux : moins de peine et plus de profit.

QUE VEUT DIRE LA LOI?

L'AN passé, il y eut erreur ou malheur. Le devoir de la septennalité, l'avait emporté sur le besoin de la réduction; celui-là revenait de droit à la Chambre des Pairs. Quel dommage que celui-ci, n'ait pû aussi lui être dévolu? peut-être y passoit-il? Les faits moins éclaircis, les esprits moins irrités, donnaient de belles chances : c'était à vrai dire, une loi tant soit peu bursale : mais on n'en finiroit pas à entendre la raison, à écouter la charte. Voyez plutôt : le projet nouveau est tout aussi bursal, et il s'y est introduit sans coup férir. Au fond, l'art. 17, les art. 47 et 48 de la charte, ne sont évidemment que des articles réglementaires.

Leçon porte science. Cette année, qu'avons-nous donc pour la Chambre des Pairs? La baratterie ne compte pas; les communautés ne seront pas long-temps débattues. Le sacrilége, c'est tout autre chose; loi en forme de palinodie, loi par flagornerie, où peut-être il ne sera vu que galères et mort et poing coupé pour le crime, et absolution pour le criminel, que haine aux ministres du culte saint, et gloire à la simarre de Daguesseau. Tant mieux; un tel sujet sera médité, amendé, rejeté peut-être; et voilà tous les esprits préoccupés. Glissons notre projet de sel gemme à l'ombre.

L'absolu des axiômes, le variable des sophismes, nous serviront à souhait. L'évêque Berkeley l'a dit, ou peu s'en faut. Il existe dans le cerveau de l'homme, des formes plastiques d'idées, qui d'abord se sont esquissées et moulées, sur la moyenne des notions réelles et habituelles, et sous lesquelles viennent ensuite se liquéfier, se couler comme en fonte, toutes les données nouvelles, qu'elles soient analogues ou anomales.

Industrie, liberté, concurrence, ce sont bien des axiômes incontestables et de plus incontestés. Pâlissez, Visigots, Ostrogots; l'esprit du siècle vous dépasse, vous écrase. Comment vouloir ensevelir l'industrie de la mine, comment comprimer la liberté de ses provenances, comment limiter la concurrence d'une compagnie unique? Ce seroit aussi par trop fort.

Et puis il y a un secret sous les cartes, un grand secret qu'on peut bien dire, car tout le monde le sait. La charte est admirable dans ses prévisions; elle a créé une Chambre des Pairs, où domine la naissance, où se reposent les services, où s'absorbent les talens, et par fois les intrigues. Mais chaque province ne peut fournir en des genres si divers, par voie de conscription proportionelle ; mais il n'est pas inhérent à chacun de ces titres, d'avoir la science infuse, en toute matière quelconque.

Aussi la charte entend et sous-entend, que la chambre haute doit être comme une cour de révision, de cassation, sauf dans les questions de droit public, de politique transcendante, où sa préséance est légitimée par le caractère de l'hérédité, de l'immutabilité : aussi la charte dit et redit, au moins par trois fois, que tout projet relatif à l'impôt, sera porté d'abord, à l'autre chambre, dont les membres, plus en contact avec les besoins et les travaux des peuples, plus en droit de faire valoir leurs propres intérêts, possèdent sous ces rapports, et plus de connaissances et plus d'énergie.

Ils partent de là : le principe est le même ; seulement la conséquence est retournée. Arriveront-ils ?

La route s'est hérissée d'obstacles. Il n'y avait cependant qu'un opposant dans la commission ; mais que ne peuvent et le grand sens et la conscience pure et le caractère inflexible.

Que nous apportez-vous ? Un article de loi, deux lignes d'encre, car tout le reste consiste en désignations. C'est trop peu ou beaucoup trop; voyons le texte.

Seront concédées : quoi? D'abord l'exploitation des salines; et puis, non pas l'exploitation de la mine, mais la mine même. Or, d'où vient cette différence, car elle est essentielle? Est-ce que vous voulez concéder la mine, le fond de la mine, la propriété de la mine; répondez : il n'importe que ce soit à terme de retour, au bout de 99 ans; le bail emphithéotique ne fut jamais qu'une vente : Est-ce une vente que vous entendez faire? Alors nous ne nous entendrons jamais.

Seront concédées, la mine dès que l'Etat en sera mis en possession, conformément à la loi d'avril 1810. Comment donc? s'il n'y avait pas de loi de 1810, l'Etat ne serait pas propriétaire de la mine! Comment il n'y a pas dans cette loi, un seul mot sur les mines de sel, pas plus que sur les mines de diamans! Et c'est par cette loi, que l'Etat devient propriétaire.

Seront concédées, l'exploitation des salines de Dieuze, etc. etc. Nous voyons bien les noms de toutes les salines existantes, sauf erreur ou omission. Mais ces salines s'entretiennent par des sources salées et courantes : et ces sources mêmes sont-elles concédées à leur issue de la terre, et toutes autres sources de même sorte, nées ou à naître, sont-elles concédés aussi? La loi n'en dit rien; une ligne de plus aurait suffi.

Seront concédées, la mine existante dans la Meurthe et neuf autres départemens. La notice n'était pas si envahissante : elle n'annonce qu'une étendue de trente lieues quarrés, qu'une consommation de quatre-vingt seize mille ans. En honneur, nous ne pouvons nous porter forts pour l'excédent.

Pour *quatre-vingt dix-neuf ans.* Pourquoi pas le siècle de cent ans ; c'était à pair ou non. Vous voulez agir à la manière des capucins de la Chaussée-d'Antin. Passons l'enfantillage. Mais, hélas ! où sont-ils, et où serons-nous, pauvres hères ? Qu'un siècle est lourd à jeter sur les épaules de l'innocente postérité !

Pour quatre-vingt dix-neuf ans. Est-ce avec garantie envers et contre tous ? et d'ici là, s'il y avait guerre par hasard, s'il y avait invasion, possession, conquête ? Y pensez-vous ? aurez-vous le droit de résilier, en tel et tel cas, à telle ou telle clause ? car, à défaut, il faudrait éterniser les combats, et peut-être perdre le royaume, pour sauver la mine.

Avec publicité et concurrence. Rien à dire là-dessus et rien à faire, que des vœux, dûssent-ils être vains. Toutefois, c'est plus facile à dire qu'à faire : N'y aura-t-il qu'une compagnie ? où gît la concurrence. Y en aura-t-il deux ou plus, l'une pour exploiter la mine, les autres pour exploiter la bourse? où aboutit la concurrence. Vous ne répondez pas.

A titre de régie intéressée. Comment l'entendez-vous? Les *on dit*, parlent d'un intérêt dans les bénéfices, dont le minimum serait de deux millions : est-ce cela, ou bien est-ce un prix de bail de deux millions, avec un intérêt dans l'excédent des bénéfices? C'est blanc bonnet ou bonnet blanc ; duquel allez-vous vous coiffer et nous coiffer? Seulement, celui-là semble constituer une régie, celui-ci, une ferme ; et dans l'exposé, il n'est question que de ferme. Daignez nous tirer de ces perplexités; parlez clair; peut-être comprendrons-nous.

A titre de régie intéressée; régie ou ferme, il n'importe : nous ne disputerons pas sur les mots ; il y a tant de choses au fond de cette affaire. Et d'abord, quand à l'intérêt dans les bénéfices, nous le mettons à part, nous le jetons de côté, si c'est que le compte de clerc à maître, doive s'apurer à la manière du budjet. Que reste-t-il? Un prix de deux millions.

Or, ce prix ne peut se payer qu'au moyen des profits ; et les profits peuvent-ils être calculés pour quatre-vingt-dix-neuf ans? Et s'ils augmentent ou diminuent, le prix demeurera-t-il fixe, au détriment du bailleur ou des preneurs? Vous y songerez sans doute, et, si faire se peut, avant de signer l'acte.

Quant à nous petits esprits, les chances nous apparaissent infinies, en mieux comme en pis. Ne parlons pas du mieux : la mine tournera en or pour les fermiers ; l'Etat l'aura concédée pour un morceau de pain : il n'en fait jamais d'autre ; c'est un parti pris.

Mais l'affaire va mal, car rien n'est plus trompeur que la mine. Les eaux l'inondent, les galeries s'écroulent, les travaux sont mal conduits, les canaux deviennent ruineux, l'administration dilapide : et puis les canaux de la mine, car ils ne seront peut-être pas fermés par le bon bout, amènent en concurrence les excellens sels de la Méditerranée : et puis les sources salées, anciennes et nouvelles, que n'interdisent ni la loi, ni la nature, apportent la rivalité jusqu'au pied de l'usine : et puis une autre mine ne viendra-t-elle pas à poindre en dehors des dix départemens désignés, qui ne peut rester ensevelie dans les entrailles de la terre ! Combien de causes de désappointement !

Il faudra réduire le prix du bail, à moins qu'il ne paraisse plus juste de sur-hausser le taux du maximum, et de clore les régions de l'Est aux maudits sels de mer. L'avenir est un maître bien dur pour l'imprévoyance : s'il y a du mieux, l'Etat aura perdu dans le contrat ; s'il y a du pis, il perdra dans le résiliement.

Mais vous riez, ce semble, de pitié : ne vous moquez pas tant; qui donc a jamais pu deviner votre arrière-pensée? Le bruit en courait : nous l'avions repoussé, comme indigne de vous : mais non.

Vos desseins seraient-ils de concéder à titre de vente, ou de ferme, ou de régie, car l'un vaut l'autre au terme de quatre-vingt-dix-neuf ans, la mine de sel gemme, pour un capital, les uns disent de cinquante, les autres de cent millions : et serait-ce à cet effet que, malignement et malicieusement, il est dit dans l'article unique, sera concédée l'exploitation des salines, et plus bas, *sera concédée la mine*, sans autre explication.

Au fait, on en a vu d'aussi étrange, d'aussi insolite, même de vous peut-être. Cependant, n'est-ce pas un peu outrer, que de solliciter de nous un blanc-seing, où il n'apparaît que du blanc, et qui va soudain s'afficher à la clarté des cieux, resplendissant des couleurs les plus vives. Comment le croire? Et pourquoi ne pas le croire?

Or donc, que de choses en deux lignes! Eh, bon Dieu, il y a plus de choses en deux lignes, qu'il n'y en aurait en cent articles : d'abord, il y a tout ce qu'il y aurait dans les cent articles, lesquels doivent émaner tôt ou tard en façon d'ordonnances; et, en outre, il y a tout ce qu'il plaît de faire dire à ces deux lignes, tout ce qui peut s'imaginer de sous-entendus, à l'aide d'un travail de quatre-vingt-dix-neuf ans. Il y a tout, parce qu'il n'y avait rien, car la nécessité commande, et trop souvent la vanité devance ses ordres.

Mais, qui signera le blanc-seing?

QUE FERA-T-ON DE LA LOI?

On apprend que le bail des salines de l'Est est résilié, qu'ainsi le maximum porté de 12 à 15 et 18 francs en faveur de la Régie, est aboli par le fait; qu'ainsi il n'y aurait plus lieu à le tolérer, à le proroger, mais bien à l'établir, à l'instituer, à le créer.

On voit, dans le projet, que l'exploitation des salines et la propriété de la mine, seront concédés pour quatre-vingt dix-neuf ans, sans qu'un seul mot dans ces deux lignes, puisse faire supposer qu'il doive y avoir un prix de bail fixe, et qu'en tout cas, ce prix doive être de deux millions de francs, plutôt que de deux petits écus de 55 sous chaque.

On comprend que le prix du bail, s'il y en avait, ne peut jamais s'élever au-dessus de la valeur locative des usines, et seulement d'un sou en sus, en guise de cens, comme dans les actes d'af-

féagemens, auxquels ressemble fort le bail amphi-
téophique, pour peu que les sels doivent se débi-
biter en raison du coût de fabrique et de transport,
ainsi qu'il arrive d'ordinaire par la liberté de
l'industrie.

On se persuade, au grand fracas que fait ce
projet, qu'il y a quelque anguille sous roche, autrement quelque aubaine, c'est-à-dire qu'une arrière-pensée, occulte et latente, serait de concéder en même temps et aux mêmes mains, que les
deux fabriques de sels, le pouvoir de vendre leurs
provenances à un prix de convention, à un maximum légalisé par ordonnance, comme était le ci-
devant maximum, pour laquelle fin toute sécurité
est donnée, au moyen du monopole érigé dans les
régions de l'Est, par la force même des choses.

Puis, on lit, le dernier budget, justement pour
l'an de grâce 1825, où l'article des salines de
l'Est est compris dans les produits divers, et ne
se confond ni avec les douanes, ni avec les contributions indirectes, ne se rencontre dans aucune
des catégories de diverses taxes, spécialement
autorisées par le titre 2 dudit budget.

On y lit de plus que le produit des salines est
affecté aux dépenses générales de l'Etat, en sorte
que la dette publique n'exerce aucun droit à cet
égard.

On y lit enfin, au titre 3, ces paroles d'ana-
thême : « Touses contributions directes ou indirectes, autres que celles autorisées par la présente
loi, à quelque titre et sous quelque dénomination
qu'elles se perçoivent, sont formellement inter-
dites, à peine, contre les autorités qui les ordonneraient, contre les employés qui confectionneraient les rôles et tarifs, et ceux qui en feraient le
recouvrement, d'être poursuivis comme concussionnaires, sans préjudice de l'action en répétition, etc., etc. »

Et non sans se féliciter grandement de ne faire
nombre, ni avec les autorités assises à la table du
conseil, ni avec les employés de la compagnie ex-
ploitante, on se dit cependant que les uns et les
autres ont certainement quelques notions d'un
péril aussi imminent, et apparemment ont l'espé-
rance de s'en mettre à l'abri.

Et on se dit qu'en pareil cas, le seul remède
spécifique, qu'en tous les cas la panacée univer-
selle, consiste dans l'application sur la partie
souffrante, en forme d'emplâtre émollient et cal-
mant, d'un bel et bon article de loi, dûment fomenté et digéré en quelques séances de la Chambre
des Députés.

Et on se dit qu'il faudra donc en finir par cette
Chambre, après avoir commencé avec l'autre,

que s'il n'y a pas de fin, c'est tout comme s'il n'y avait pas eu de commencement, et qu'il eût mieux valu commencer par le commencement et finir par la fin.

Ici on s'arrête, on réfléchit, on se creuse la tête, on se gratte l'oreille gauche, ignorant en quelle manière doivent s'accomplir les grands desseins, qui auront été ébauchés à la Chambre des Pairs, et qui vont recevoir le dernier coup de pinceau à la Chambre des Députés.

On s'imagine qu'il ne peut se coudre une addition au projet de loi adopté par les Pairs; car alors il ferait retour devers eux, d'où s'en suivrait un cercle vicieux.

On s'imagine aussi qu'il ne peut être présenté aux Députés un nouveau projet spécial, pour autoriser les moyens d'exécution; car encore reviendrait-il de droit aux Pairs, justement par le même cercle.

On se persuade donc, et on demeure convaincu, que la queue du projet relatif à la mine, laquelle doit prêter vie à la tête, se glissera, se faufilera en s'amincissant autant que possible, à travers les broussailles de jour en jour épaissies, du grand œuvre fiscal.

Et là on se demande, si le mince article de

deux millions d'espèces, imposés sur deux millions d'existences, sera soumis à une délibération expresse, formelle, substantielle, ou s'il sera voté en gros, en bloc, pêle-mêle jeté et étouffé sous le poids des hoit ou neuf cents millions du budget.

On observe, dans la première supposition, qu'il faudra discussion, discours et réponses et répliques, toutes choses en double peine pour les Députés, à double risque pour les ministres, qui étaient évitées en commençant par le commencement.

On observe dans la seconde supposition, d'abord qu'elle est inadmissible, en présumant de la loyauté d'une part, de la sagacité de l'autre, ensuite que son exécution est impraticable, attendu qu'en votant cet article du budget, dans la forme même, sous le texte où il fut voté en 1824, il n'y aurait de voté que néant.

Sous ce rapport, on supplie tous et chacun, de jeter un regard, sans que cela tire à conséquence, sur ledit budget de 1825, page 36, là où il sera lu et vu et su que l'article des salines de l'Est, est indiqué sous le titre de produits divers et est assimilé aux produits de l'Inde, aux recettes de diverse origine, qu'ainsi il n'y est point énoncé en sorte d'impôt, qu'il y est seulement intercalé en nature de recette, qu'en effet le maximum existant alors par le fait, la loi n'a point été mise à même d'en peser le mal et le bien, d'en prescrire la fixation, la perception, et qu'elle a dû se borner à constater sa rentrée au trésor, à procompter une recette dans le bilan de l'Etat, enfin, à palper un produit, plutôt qu'à imposer une taxe.

Maintenant les choses étant changées, le bail résilié en règle, le maximum aboli par conséquent, on soutient que la loi se trouve dans l'alternative obligée de choisir entre le blanc et le noir, de se prononcer affirmativement ou négativement, de résoudre et proclamer enfin si ce produit du vieux temps doit être érigé en subside pour l'avenir, si la recette versée dans le trésor, doit être métamorphosée en une contribution perçue sur les habitans de l'Est.

Les Chambres aviseront.

Et cependant, en faisant un saut en arrière et tant en arrière que la tête en a presque tourné, par bonheur on retombe d'aplomb et on se retrouve sur le terrain de la Charte, sur ce terrain que la pioche des Vandales et des Lombards a déchiré, effondré, bouleversé, sur ce terrain où seulement pouvait s'édifier et se consolider, le trône qui n'est encore assis que dans les cœurs, où seulement pouvaient s'enraciner les libertés publiques, si long-temps protégées, sous son égide tutélaire.

La voilà l'arche sainte, que devait profaner le sacrilége israëlite ; le voilà le tabernacle où n'ose s'introduire une pudique main, où se recèlent des mystères que l'esprit de l'homme n'a pas le droit d'explorer, puisqu'il est hors de son pouvoir de rien substituer à leur place.

Mais quelques paroles sont émanées de l'oracle et restent gravées en la mémoire des fidèles.

Première parole : La loi de l'impôt doit être adressée d'abord à la Chambre des Députés.

Seconde parole : La Chambre des Députés reçoit toutes les propositions d'impôt.

Troisième parole : Aucun impôt ne peut être établi ni perçu, s'il n'a été consenti par les deux Chambres.

Quatrième parole : L'impôt foncier n'est consenti que pour un an. Les impositions indirectes peuvent l'être pour plusieurs années.

Les deux premiers articles, répétés presque dans les mêmes termes, sous les deux titres des *Formes du Gouvernement du Roi* et de la *Chambre des Députés*, ne comportent aucune observation. Ils sont écrasans.

Venons au troisième. Il n'importe qu'un impôt soit établi ; il ne peut être perçu qu'après avoir été consenti. Et pesez bien ce dernier mot : On adopte de confiance ; on accorde à l'avance ; mais on ne consent que sur une demande ; on ne consent qu'après une discussion ; on ne consent pas en manière de sous-entendu, au gré des tireurs d'induction, des extracteurs de conséquences.

Nous sommes au troisième. L'impôt foncier n'est consenti que pour un an : voilà la règle ; c'est de l'affirmatif, du positif. Et l'indirect peut l'être pour plusieurs années : voilà l'exception ; il y a latitude, éventualité.

Donc, si celui-ci n'a pas été consenti expressément pour plusieurs années, il ne l'est que pour un an : et d'après le troisième article, bien qu'il soit établi, il ne peut être perçu, s'il n'a été consenti.

L'application est facile. La taxe imposée aux régions de l'Est n'était point consentie pour plusieurs années, et par conséquent n'aurait dû s'exercer que pour un an : première illégalité.

La taxe était perçue, sans qu'elle eût été consentie : seconde illégalité.

La taxe n'était point consentie sur demande et après discussion, par un acte formel et textuel : troisième illégalité.

Or, la lettre du projet ne sollicite point ce consentement, ne manifeste point d'intention, ne donne nullement lieu d'en supposer une quelconque, tellement que le projet pourrait être exécuté en sa teneur expresse, sans qu'il soit perçu aucune taxe et prescrit aucun maximum.

Cela posé, si cette taxe était censée établie pour plusieurs années au-delà des années où elle a été perçue ; si elle était censée perçue de plein droit, par cela seul qu'elle est établie par le fait ; si elle était censée consentie, bien qu'il n'en ait jamais été fait mention aux Chambres, et qu'il en soit fait moins que jamais mention, certes ce serait l'illégalité des illégalités ; ce serait l'absurdité et l'iniquité même.

Mais, au dire de la loi du budget, sont poursuivis comme concussionnaires, ceux qui ordonneraient une telle taxe, les ministres donc ; ceux qui confectionneraient le tarif, encore les ministres ; ceux qui en feraient le recouvrement, les ministres aussi, par leurs fondés de pouvoirs.

Et ne devrait-il pas apparaître enfin un acte d'accusation, la Charte et la loi du budget se portant parties ? et pourrait-il advenir que le pouvoir législatif, les mît hors de Cour et de procès ?

Montaigne dirait : que sais-je ? Comment dire mieux que lui ?

Cependant, si ce coup d'Etat n'a pas lieu, la loi reste à néant.

Et, s'il a lieu, la loi ne dure pas long-temps, car tout mauvais cas est reniable.

Mais, que deviendra la compagnie unique? Elle devait s'y attendre; elle aura encombré ses caisses, plutôt qu'excavé la mine.

Et les actionnaires! Ils y seront pris, tout prêts à recommencer ce sot jeu pour prendre leur revanche.

Et les contribuables! Ah! c'est autre chose : il est écrit dans la loi contre les concussionnaires, car elle a tout prévu, *sans préjudice de la répétition des sommes indûment perçues.*

Puissent-ils être assez riches!

Paris, de l'Imprimerie d'A. EGRON, rue des Noyers, n° 37.

www.ingramcontent.com/pod-product-compliance
Ingram Content Group UK Ltd.
Pitfield, Milton Keynes, MK11 3LW, UK
UKHW031737170726
13836UKWH00002B/710